Véronique Witzigmann

Selbstgemachte Geschenke zum Aufessen

Véronique Witzigmann

Selbstgemachte

Geschenke
zum Aufessen

Illustriert von
Kat Menschik

Galiani Berlin

Herz-haftes

Süßes

Lieber Mensch, der du gerne kochst, backst, bastelst und voller Freude schenkst, ich freue mich sehr darüber, dass du dieses Buch in den Händen hältst.

Kat Menschik und ich schenken selbst für unser Leben gern. Als wir die Idee zu diesem Buch hatten, sind wir allein deswegen sofort in einen Flow geraten, in den wir dich jetzt mit hineinnehmen wollen. Zum Verschenken von Genuss und Schönheit zu inspirieren – für uns ist das eine Lebenshaltung. Und sie macht sehr viel Spaß.

Das Prinzip des Buches ist ganz einfach: Ich habe eine sehr breite und bunte Sammlung von Rezepten zusammengestellt, die von herzhaft bis süß reichen. Es sind Rezepte für Geschenke dabei, die man gleich essen sollte, und für solche, die als kleine Besonderheit in den Vorratsschrank gehören. Wichtig fand ich, dass alle Geschenke zu ganz unterschiedlichen Anlässen passen. Die Auswahl reicht von einer kleinen Knabberei für einen gemütlichen Mädelsabend bis zu einer Tarte als Mitbringsel zum Brunch, von einem Überraschungs-Dessert für die Schwiegermutter bis zum Erfrischungsgetränk, das bei einer Wanderung aus dem Rucksack gezaubert wird oder den Grillabend bei Freunden bereichert. Essbare Geschenke können auch Soulfood sein für liebe Menschen, denen es gerade nicht so gut geht oder die selbst nicht gern am Herd stehen – wie selbstgemachter Knödelteig oder getrocknete Brühe.

Ich habe mir außerdem alle Rezepte über das Jahr hinweg ausgedacht, denn jede Jahreszeit hat ihre besonderen Reize und sollte in die Auswahl einfließen – und schließlich schenkt man ja das ganze Jahr über.

Das Schöne an einem essbaren Geschenk ist: Es ist immer ein Unikat!

Besonders hübsch ist es, wenn man dazu noch die Verpackung in Form einer Flasche, eines Einweckglases, einer Schachtel liebevoll aussucht und ein Etikett gestaltet.

Während ich die Rezepte schrieb, hat Kat Menschik ihre einzigartigen Bilder und Illustrationen gemalt, die ich wunderschön finde und die unser kleines Buch – so hoffe ich – selbst schon zu einem Geschenk machen.

Ich wünsche dir von Herzen ganz viele schöne Momente mit diesem Buch.

Herzlichst
Véronique Witzigmann

PS Nicht vergessen: Es macht auch Freude, sich selbst zu verwöhnen und zu beschenken.

Herz-
haftes

BÄRLAUCHSALZ

ZUTATEN *für ca. 150 g*

120 g frische Bärlauchblätter
100 g Salz
Abrieb von ½ Bio-Zitrone

ZUBEREITUNG Die Gläser und Deckel sterilisieren.

Die Bärlauchblätter gründlich waschen, abtupfen und in eine Küchenmaschine oder einen hohen Rührbecher geben. Dann das Salz und den Abrieb der Zitrone hinzufügen. Die Zutaten (ohne Zugabe von Wasser) fein pürieren.

Ein Blech mit Backpapier auslegen und die Bärlauchpaste darauf dünn und gleichmäßig verstreichen.

Das Blech in den auf 60 °C vorgeheizten Ofen (Ober- und Unterhitze) schieben und für ca. 2–3 Stunden trocknen lassen. Immer wieder mal kontrollieren. Das Salz ist fertig, sobald keine feuchten Stellen mehr zu sehen sind.

Das Blech aus dem Ofen nehmen, das Salz mit einem Spachtel oder einer Palette vom Blech kratzen, nochmals in die Küchenmaschine geben und zermahlen.

Das fertige Salz nun in die Gläser abfüllen und diese verschließen. Am besten dunkel lagern.

TIPP Der Bärlauch wächst gern auf feuchtem, schattigem Waldboden. Beim Pflücken immer darauf achten, ihn nicht mit den giftigen Blättern der Herbstzeitlose oder der Maiglöckchen zu verwechseln!

BÄRLAUCHKNOSPEN EINGELEGT

ZUTATEN *für 2 kleine Gläser*

80 g frische Bärlauchknospen
250 ml Apfelessig
1 EL Zucker
1 EL Salz
5 schwarze Pfefferkörner
2 Lorbeerblätter
2 Gläser à 125 ml

ZUBEREITUNG Die Gläser und Deckel sterilisieren. Die Bärlauchknospen gründlich waschen, den Stiel entfernen und auf beide Gläser aufteilen.

Den Essig mit dem Zucker, dem Salz, den Pfefferkörnern und den Lorbeerblättern in einen kleinen Topf geben und aufkochen. Dann die Hitze reduzieren und den Gewürzsud ca. 1 Minute köcheln lassen.

Die Knospen mit dem heißen Gewürzsud übergießen und die Gläser sofort verschließen. Die Gläser auf den Kopf stellen, damit alle Knospen auch gut bedeckt sind.

Abkühlen lassen und an einem kühlen Ort für ca. 10 Tage ziehen lassen.

Nach Anbruch sollten die Gläser im Kühlschrank aufbewahrt werden und ihr Inhalt innerhalb der nächsten 4 Monate gegessen werden.

TIPP Als Variante kann man für den Sud auch Estragon-Essig verwenden.

BAKED BEANS

ZUTATEN *für ca. 1 kg*

350 g weiße Bohnen
Salz
1 l würzige Barbecuesauce
(Rezept auf Seite 57)

ZUBEREITUNG Die Bohnen in eine Schüssel geben, mit kaltem Wasser bedecken und über Nacht einweichen. Am nächsten Tag durch ein Sieb abgießen. Einen Topf mit Salzwasser erhitzen und die Bohnen für 40 Minuten kochen.

Den Ofen auf 220 °C vorheizen. Die Bohnen durch ein Sieb abgießen und in eine ofenfeste Form geben. Mit 1 Liter würziger Barbecuesauce gut mischen. Die Form in die mittlere Schiene des Ofens schieben und für 45 Minuten backen.

Die heißen Baked Beans in die sterilisierten Gläser füllen und gleich verschließen.

BLITZ-KRÄUTERGUGELHUPF

ZUTATEN *für 1 Form*

1 Zwiebel (mittlere Größe)

1 Knoblauchzehe

80 ml Olivenöl

500–550 g Dinkel-Dunst

2 EL (getrocknete) Kräuter der Provence

Abrieb von ½ Bio-Zitrone

1 Ei (M) (Raumtemperatur)

1 frischer Hefewürfel

250 ml Milch

1 TL Zucker

1 TL Salz

Pfeffer

90 g Feta

Butter zum Ausstreichen der Form

ZUM BESTREICHEN

1 Eigelb

1 EL Sahne

ZUBEREITUNG Die Zwiebel und den Knoblauch schälen und fein würfeln. Olivenöl in der Pfanne erhitzen und Zwiebel und Knoblauch glasig anbraten. Bis zur Verwendung beiseitestellen.

Das Mehl mit den trockenen Gewürzen, Zitronenabrieb, dem Ei sowie Salz, Pfeffer in eine Schüssel geben.

Die Milch mit dem Zucker in einen Topf geben und leicht erwärmen. Die Hefe in die lauwarme Milch bröseln und mit dem Schneebesen verrühren, bis sie aufgelöst ist.

Die Hefemilch über die Gewürz-Mehl-Mischung gießen. Öl dazugeben und alles mit der Küchenmaschine zu einem glatten Teig verkneten. Den Fetakäse zerbröseln und mit der Zwiebel und dem Knoblauch kurz unter den Teig kneten. Aus dem Teig einen längeren Strang formen, der sich in die gut gebutterte Gugelhupfform einlegen lässt.

Das Eigelb mit der Sahne verquirlen und den Teig mit der Ei-Sahne-Mischung bestreichen.

Eine kleine ofenfeste Schale mit kaltem Wasser füllen und auf den Backofenboden stellen. Den Backofen auf 180 °C einstellen, die Gugelhupfform in den nicht vorgeheizten Ofen stellen und für ca. 45–50 Minuten auf unterer Schiene backen.

VORSICHT: Beim Öffnen des Ofens entweicht der heiße Dampf!

Den Kräutergugelhupf auf ein Kuchengitter stürzen und abkühlen lassen. Er schmeckt am besten frisch !

Eine hübsche Dekoidee ist es, die innere Rundung des Gugelhupfes mit einem frischen Kräuterstrauß (Rosmarin, Thymian, Oregano, Majoran etc.) zu füllen.

BRUNNENKRESSE-PESTO

ZUTATEN *für 200 g*

50 g frische Brunnenkresse
30 g Cashewkerne
1 kleine Knoblauchzehe
30 g geriebener Parmesan
100 ml Olivenöl
1 Spritzer Zitronensaft
Salz, Pfeffer

ZUBEREITUNG Die Kresse gründlich waschen, von den Stielen zupfen und in einen hohen Rührbecher geben.

Die Cashewkerne hacken und in einer beschichteten Pfanne (ohne Fett) goldbraun anrösten. Nach dem Abkühlen zu der Brunnenkresse geben. Ebenso die geschälte, klein geschnittene Knoblauchzehe und den Parmesan. Mit einem Pürierstab alles fein pürieren und dabei das Öl einlaufen lassen.

Mit Zitronensaft, Salz, Pfeffer abschmecken. In saubere Gläser mit Schraubdeckel füllen und die Oberfläche mit Öl bedecken.

Das Pesto schmeckt klasse mit frisch gekochten Nudeln, als Brotaufstrich oder im Salat als Dressing.

Die Brunnenkresse stammt aus der Familie der Senfblütler, daher kann es sein, dass das Pesto eine natürliche Schärfe hat.

Brunnenkresse kann man auf dem Wochenmarkt kaufen oder selbst am Rand von fließenden Gewässern, Quellen und Teichen pflücken.

BREZENKNÖDEL

ZUTATEN *für 4 Gläser*

30 g Haselnussblättchen
400 g altbackene Brezen
2 Schalotten (mittlere Größe)
50 ml Öl
250–300 ml Milch
4 Eier (M)
1 EL getrocknete Petersilie
Abrieb von ¼ bis ½ Bio-Zitrone
Muskat
Salz, Pfeffer
Butter für die Form
Weckgläser ½ l

ZUBEREITUNG Die Weckgläser sterilisieren und beiseite-stellen. Die Gummiringe in heißes Wasser einlegen. Die Haselnussblättchen in einer beschichteten Pfanne (ohne Fett) goldbraun rösten. Die Brezen in Scheiben von mittlerer Größe schneiden und in eine Schüssel geben.

Die Schalotten schälen und fein würfeln. Das Öl in einer Pfanne erhitzen und die Schalotten darin glasig dünsten. Sobald die Schalotten lauwarm sind, zu den Brezen-scheiben geben. Ebenso die Haselnussblättchen.

Die Milch erwärmen und über die Brezenscheiben gießen. Die Eier dazugeben und mit den Händen alles gut vermischen. Mit der Petersilie, dem Zitronenabrieb sowie Muskat, Salz und Pfeffer abschmecken.

Die Weckgläser mit Butter ausstreichen. Die Knödel-masse gleichmäßig auf alle 4 Gläser verteilen. Darauf

achten, dass die Ränder sauber sind. Den Gummi exakt auf die Deckel legen und das Glas damit verschließen. Mit den Klammern fixieren.

Eine tiefe Auflaufform oder einen Topf mit heißem Wasser füllen. Die Gläser sollten bis gut zur Hälfte im Wasser stehen. Die Form in den auf 120 °C (Ober- und Unterhitze) vorgeheizten Ofen stellen und für 120 Minuten einkochen.

Dann die Gläser aus dem Ofen nehmen und vollständig abkühlen lassen.

Die Knödel im Glas im Kühlschrank oder in einem kühlen Raum aufbewahren. Haltbarkeit ca. 6–8 Wochen.

TIPP Zum Essen entweder im Wasserbad wieder erwärmen oder aus dem Glas herausholen, in Scheiben schneiden und dann in einer Pfanne knusprig braten.

EMMERKORN-GRISSINI
MIT DUKKAH

ZUTATEN *für ca. 40 Stück*

10 g Salz
20 g Hefe (frisch)
400 g Emmermehl
200 g Weizenvollkornmehl
35 g Dukkah (Gewürzmischung)
40 ml Olivenöl

ZUBEREITUNG 350 ml lauwarmes Wasser mit Salz in eine Schüssel geben. Die Hefe klein krümeln und darin auflösen. Die beiden Mehle hineinsieben, Dukkah und Olivenöl hinzugeben. Alle Zutaten mit den Händen oder mit den Knethaken der Küchenmaschine für mindestens 10 Minuten zu einem geschmeidigen Teig verkneten. Den abgedeckten Teig für 60 Minuten an einem warmen Ort gehen lassen.

Sobald der Teig die doppelte Größe erreicht hat, ihn auf die Arbeitsfläche legen und zu einer rechteckigen Platte (ca. 30 × 40 cm) ausrollen.

Dann den Teig von beiden längeren Enden her straff zur Mitte hin aufrollen.

Die Rollen so aufeinanderlegen, dass die Naht seitlich zu sehen ist. Die Teigrolle mit Olivenöl bestreichen. Abgedeckt mit Frischhaltefolie für 60 Minuten gehen lassen.

Den Backofen auf 180 °C vorheizen und ein Lochblech mit etwas Öl einfetten. Mit einem Teigspatel ein ca. 1,5 cm dickes Stück von der kurzen Seite abstechen und zu einem langen, dünnen Strang rollen. Die Stränge auf das Lochblech setzen und für ca. 18–20 Minuten bei 220 °C auf der mittleren Schiene backen.

TIPP Wenn sich die Grissini leicht vom Blech lösen, sind sie fertig.

KARTOFFELAUFSTRICH

ZUTATEN *für ca. 700 g*

1 Prise Salz

1 TL Kümmel

500 g mehlige Kartoffeln

1 kleine Schalotte

200 g saure Sahne

1 Prise Muskat

Salz, Pfeffer

40 g Butter

10–20 g geriebener Meerrettich

1–2 EL Schnittlauch

ZUBEREITUNG Das Kochwasser mit Salz und Kümmel würzen. Die Kartoffeln darin weich kochen. Den lauwarmen Kartoffeln die Haut abziehen und sie durch eine Kartoffelpresse in eine Schüssel drücken. Die Schalotte ganz fein dazureiben. Alles mit der sauren Sahne sowie Muskat, Salz und Pfeffer gut verrühren. Die Butter langsam erhitzen, bis sie einen goldbraunen Ton hat, lauwarm abkühlen und unterrühren. Den Meerrettich reiben und unter den Kartoffelaufstrich mischen. Den fertigen Aufstrich in eine Schüssel füllen. Schnittlauch in feine Röllchen schneiden und die Oberfläche bestreuen.

Kartoffelaufstrich ist sehr beliebt auf frischem Brot, nicht nur beim Picknick.

KARTOFFELPÜREE MIT
GETROCKNETEN STEINPILZEN

ZUTATEN *für ein Glas à 150 g*
für 2 Personen als Beilage

70 g Kartoffelflocken
10 g getrocknete Steinpilze
1 TL getrocknete Petersilie
1 TL Salz
½ TL gemahlener Pfeffer
¼ TL gemahlener Muskat

ZUBEREITUNG Die Kartoffelflocken in das Glas geben.

Die Steinpilze klein hacken. Zusammen mit der Petersilie, Salz, Pfeffer und Muskat ebenfalls in das Glas füllen. Gut vermischen und mit dem Deckel verschließen.

Daran am besten ein Schildchen befestigen, auf dem steht:

400 ml Milch + 100 ml Sahne in einem
Topf erhitzen und vom Ofen nehmen.

Die Püreemischung und 40 g Nussbutter*
mit einem Schneebesen einrühren
und ca. 5 Minuten bei geschlossenem
Topfdeckel quellen lassen.

* Rezept auf Seite 28

NUSSBUTTER

ZUTATEN *für ein Glas à 150 g*

200 g Butter

ZUBEREITUNG Die Butter in kleine Stücke schneiden und in einen Topf geben. Bei mittlerer bis kleiner Hitze für ca. 4–5 Minuten unter Rühren zum Schmelzen bringen. Die Butter fängt nach einer Weile zu schäumen an. Wenn sie hell goldfarben ist, vom Herd ziehen.

Ein Sieb mit einem Passiertuch oder Küchenpapier auslegen und die noch heiße Butter abseihen. Die geklärte Butter dann in das Glas füllen, abkühlen und im Kühlschrank lagern.

Die so bearbeitete Butter erhält einen nussigen Geschmack.

GETROCKNETE KARTOFFEL-STEINPILZ-BRÜHE

ZUTATEN *für ca. 250 g*

80 g Karotte

350 g Kartoffeln

60 g Zwiebeln

30 g Petersilienwurzel

60 g Lauch

160 g Sellerie

3 Stiele glatte Petersilie

1 TL Majoran

2 Msp. Pfeffer weiß

3 Msp. gemahlener Liebstöckel

1 getrocknetes Lorbeerblatt

75 g Meersalz

2 Msp. Muskat

10 g getrocknete Steinpilze

ZUBEREITUNG Karotten, Kartoffeln, Zwiebeln, Petersilienwurzel, Lauch und Sellerie waschen, schälen bzw. putzen und dann abwiegen.

Das Gemüse klein würfeln, zusammen mit den Gewürzen und dem Salz in einem Standmixer zu einer feinen homogenen Paste pürieren.

Das Backblech mit Backpapier auslegen. Darauf die feuchte Gemüsemasse gleichmäßig und dünn (ca. 2–3 mm) aufstreichen und bei 70 °C über Nacht im Ofen trocknen.

Die vollständig getrocknete Masse zusammen mit den getrockneten Steinpilzen wieder in einen Mixer geben und fein vermahlen.

Luftdicht verschlossen aufbewahren.

TIPP Bei Gemüse aus Bio- oder Permakulturanbau verwende ich die Wurzelgemüse mit Schale. Diese Brühe schmeckt nicht nur pur sehr fein, sondern ist eine tolle Basis für Suppen und Soßen.

SENFKORN-KAVIAR MIT DUNKELBIER

ZUTATEN *für ca. 4 Gläschen à 50 g*

80 g Senfkörner
600 ml Dunkelbier
300 ml Rotweinessig
15 g Salz
15 g Majoran
30 g Honig (milde Sorte)
30 g brauner Zucker
30 g Muscovado-Zucker

ZUBEREITUNG Um die Bitterstoffe zu entfernen, die Senfkörner in ein Sieb geben und mit warmem Wasser abspülen. Anschließend die Senfkörner in ein ca. 1,5 l großes, leeres Glas füllen.

Bier, Essig, Salz, Majoran, Honig, braunen Zucker und Muscovado-Zucker in einen Topf geben und aufkochen.

Die Senfkörner mit dem heißen Sud bedecken. Das Glas verschließen und die Senfkörner für 3 Tage ziehen lassen.

Nun die Senfkörner durch ein Sieb gießen, dabei den Sud in einem Topf auffangen. Die Senfkörner wieder in das Glas füllen und mit dem erhitzten Sud übergießen.

Nochmals alles für 3 Tage ziehen lassen und wieder durch ein Sieb gießen. Die Senfkörner in sterilisierte Gläser füllen, verschließen und im Kühlschrank aufbewahren.

TIPP Senfkorn-Kaviar ist ein pikantes i-Tüpferl auf jeder Käseplatte und jedem Schinkenbrot, er passt aber auch zu Gemüse, Pasta etc.

KRÄUTERBUTTER MIT OLIVENKRAUT

ZUTATEN *für 250 g*

200 g weiche Butter
ca. 20 g Salzzitrone
2 EL Olivenkraut
3–4 eingelegte grüne Oliven
Meersalz, Pfeffer aus der Mühle

ZUBEREITUNG Die Butter in eine Schüssel geben und mit einem Schneebesen gut cremig rühren.

Die Salzzitrone in sehr kleine Stücke hacken.

Das Olivenkraut frisch abschneiden, kalt abbrausen, trocken tupfen und fein hacken. Die Oliven ebenfalls klein schneiden.

Alle Zutaten der Butter hinzugeben und gut vermischen. Zuletzt mit Meersalz und Pfeffer abschmecken.

Die Kräuterbutter je nach Belieben in Schälchen füllen. Eine hübsche Idee ist es auch, die Butter in kleine rechteckige Silikonformen zu füllen und auf Vorrat einzufrieren.

TIPP Als Variation gebe ich gern noch ein bis zwei klein gehackte eingelegte Tomaten dazu.

MARONEN-TOPINAMBUR-SUPPE
MIT GERÖSTETEM BROT

ZUTATEN *für ca. 800 ml*

200 g Topinambur (geschält gewogen)

50 g Schalotten

30 g Pastinaken

200 g Maronen (vorgegart)

10 ml Öl

10 g Butter

ca. ½–1 TL getrockneter Thymian

Salz, Pfeffer

2 EL Weißwein

500 ml kräftige Gemüsebrühe

100 ml Sahne

1 Prise Piment d'Espelette (wahlweise Cayennepfeffer)

1 Spritzer Zitronensaft

FÜR DIE GERÖSTETEN BROTE

10 ml Öl

10 g Butter

3 Scheiben dunkles Bauernbrot

Salz, Pfeffer, Thymian

ZUBEREITUNG Die Topinambur schälen und klein würfeln, ebenso die Schalotten und die Pastinaken. Die Maronen in grobe Stücke zerteilen.

Das Öl mit der Butter in einem Topf erhitzen. Die Schalotten darin glasig anbraten. Topinambur, Pastinaken, Thymian, Salz, Pfeffer dazugeben und kurz mitbraten. Mit Weißwein ablöschen und Gemüsebrühe angießen. Die Zubereitung ca. 10–15 Minuten köcheln lassen, dann die Maronenstücke dazugeben. Weitere 5 Minuten auf kleiner Flamme köcheln. Die Sahne dazugießen und die Suppe mit dem Pürierstab fein pürieren. Mit Piment d'Espelette und Zitronensaft abschmecken, ggf. noch salzen und pfeffern.

In einer Pfanne das Öl mit Butter erhitzen und die Brotscheiben darin von beiden Seiten goldbraun und knusprig braten. Dabei salzen, pfeffern und mit Thymian bestreuen.

TIPP Dieser Seelenwärmer ergibt 2 große oder 4 kleine Portionen.

Dazu schmeckt als fruchtiges Topping ein Klecks eingemachte Preiselbeeren.

QUICHE MIT ROTKRAUT

ZUTATEN *für eine Quiche von 28 cm Durchmesser*

FÜR DEN TEIG

200 g Vollkornmehl

50 g Buchweizenmehl

120 g kalte Butter

1 Ei (M)

1 Eigelb (M)

Salz, Pfeffer

3–4 EL eiskaltes Wasser

FÜR DIE FÜLLUNG

ca. 800 g Rotkraut

2 Schalotten

2–3 EL Olivenöl

2 Pimentkörner

3 Wacholderbeeren

1 Lorbeerblatt

½ TL getrockneter Thymian

1 Splitter Zimtrinde

1 Stück Bio-Zitronenschale

100 ml kräftiger Rotwein

150 ml Brühe

Saft von ½ Zitrone

Quatre Épices *(Gewürzmischung Altes Gewürzamt)*

Salz

150 g Schmand

4 Eier (M)

1 Packung Ziegenkäse oder Feta

Beide Mehlsorten in eine Schüssel geben. Dazu die Butter in kleinen Stücken, Ei, Eigelb, Pfeffer, Salz und 3–4 EL Wasser.

Die Zutaten mit den Knethaken des Handmixers zu einem Teig verkneten. Dann den Teig zu einem flachen Kreis formen und, in Klarsichtfolie gehüllt, für ca. 30 Minuten kalt stellen.

Das Rotkraut halbieren und den Strunk herausschneiden. Mit dem Gemüsehobel in dünne Streifen hobeln und ca. 650 g abwiegen. Die Schalotten schälen und fein würfeln. Das Olivenöl in einem Topf erhitzen und die Schalotten darin glasig anbraten. Das Kraut dazugeben und für einige Minuten mit anbraten. Alle Gewürze entweder in einem Teefilter dazugeben oder einzeln mitkochen und später herausfischen. Mit dem Rotwein ablöschen und der Brühe aufgießen. Ca. 15 Minuten köcheln, bis die Flüssigkeit verkocht ist.

Die Arbeitsfläche mit etwas Mehl bestäuben und den Teig gleichmäßig kreisrund ausrollen. Die Quicheform mit Butter ausstreichen und den Teig hineinlegen, ggf. überstehende Ränder mit dem Messer abschneiden.

Das Rotkraut kräftig mit Zitronensaft, Quatre Épices und Salz abschmecken. In einer Schüssel den Schmand mit den Eiern verquirlen, das Rotkraut untermischen und dann alles gleichmäßig auf dem Teig verteilen. In den auf 180 °C vorgeheizten Ofen schieben und 30–35 Minuten backen.

Wer mag, bröselt den Feta zum Backen über die Quiche. Ich brösele den Feta lieber erst nach der Backzeit über die gebackene Quiche.

TIPP Das Rotkraut kann auch schon am Vortag gekocht werden.

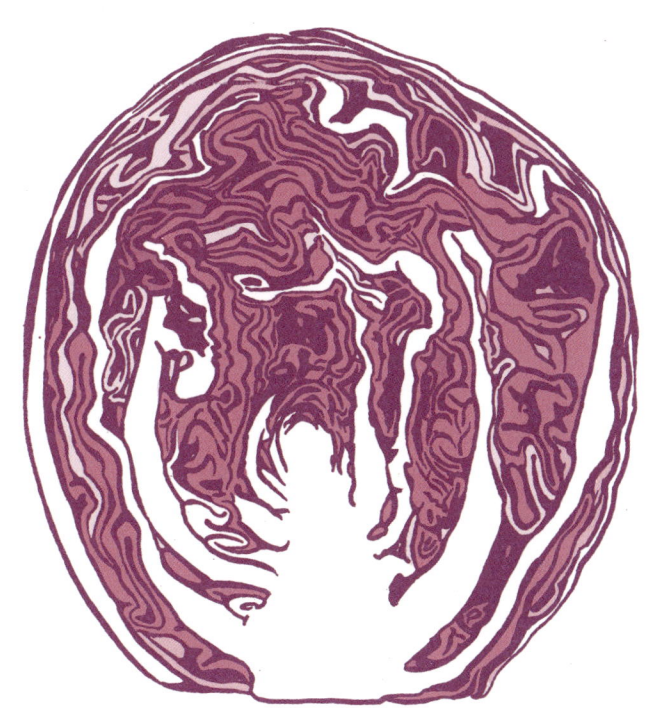

PIKANTER BRATAPFEL

ZUTATEN *für 4 Stück*

30 g Speck

2 Schalotten

1 Knoblauchzehe

2 gekochte, kalte Kartoffeln (mittlere Größe)

6 Walnusshälften

4 Äpfel (z. B. Boskop)

gemahlener Thymian und Majoran

Salz, Pfeffer

2 EL ÖL

FÜR DIE FORM

40 g Butter

2 EL Öl

4 Butterflöckchen

ZUBEREITUNG Den Backofen auf 180 °C Ober- und Unterhitze vorheizen.

Für die Füllung den Speck sehr klein würfeln. Die Schalotten und den Knoblauch schälen und fein würfeln. Die Kartoffeln pellen und ebenfalls klein würfeln. Die Walnusshälften hacken.

Die Äpfel waschen und trocken reiben. Jeweils an der Stielseite einen Deckel abschneiden. Mit einem Apfelausstecher das Kerngehäuse entfernen, dabei die Äpfel nicht ganz durchstechen, damit die Füllung später nicht unten herausfallen kann. Die Öffnung jeweils etwas vergrößern. 1 EL Öl in eine Pfanne geben und erhitzen, die Schalotten und den Knoblauch dazugeben und glasig anbraten. Die Speckwürfel dazugeben und kurz

mitbraten. Die Mischung in eine Schüssel geben und beiseitestellen. Nochmals 1 EL Öl in die Pfanne geben, erhitzen und die Kartoffelwürfel darin rundum knusprig anbraten. Die Kartoffelwürfel zu der Zwiebel-Speck-Mischung geben und kräftig mit Thymian, Majoran, Salz und Pfeffer abschmecken. Die Mischung in die Äpfel füllen. Den Apfeldeckel aufsetzen. In eine Auflaufform 40 g Butter und 2 EL Öl geben. Die Äpfel hineinsetzen und je ein Butterflöckchen auf den Apfeldeckel geben. Im Ofen auf mittlerer Schiene ca. 25–30 Minuten backen.

Auf einem Bett von Feldsalat ist der Bratapfel eine tolle Vorspeise. Unbedingt die Äpfel mit dem beim Backen entstandenen Saft aus der Form begießen.

PIKANTES HASELNUSSMUS
MIT ESPRESSO

ZUTATEN *für ca. 250 g*

200 g Haselnüsse (gute Qualität)
10 g Salz
2 g Koriandersaat (gemahlen)
1 g Piment d'Espelette
8 g Espresso (gemahlen)
35 ml Rapsöl

ZUBEREITUNG Die Nüsse in einer beschichteten Pfanne (ohne Öl) anrösten, danach abkühlen lassen.

Dann die Nüsse mit Salz, Koriandersaat und Piment d'Espelette in einen Standmixer geben und fein vermahlen. Espresso und Öl dazugeben und auf kleiner Stufe langsam zu einem Mus vermahlen.

Das fertige Mus in ein zuvor sterilisiertes Glas füllen, mit einem Deckel verschließen und im Kühlschrank aufbewahren.

Vor dem Verarbeiten das Glas aus dem Kühlschrank nehmen, damit die Textur wieder cremig wird.

TIPP Ich verwende das Mus als Dip, Aufstrich, Topping für z. B. Risotto oder auch sehr fein als Dressing mit Balsamico, Olivenöl und gerösteten Haselnussblättchen für z. B. Lollo Rosso.

POLENTA-TARTE
MIT SPINAT UND TOMATE

ZUTATEN *für eine Tarte (26 cm Durchmesser)*

FÜR DIE FÜLLUNG
100 g frischer Blattspinat

1 kleine Schalotte

1 Knoblauchzehe

2 EL Olivenöl

Salz, Cayennepfeffer, Muskat

30 g eingelegte Tomaten

30 g Maisstärke

125 ml Milch

250 ml Sahne

50 g Butter

1 TL getrockneter Thymian

100 g Maisgrieß

150 ml Gemüsebrühe

2 Eigelbe (M)

1 Spritzer Zitronensaft

Abrieb von ½ Bio-Zitrone

FÜR DEN TEIG
1 Rolle Butter-Blätterteig (aus dem Kühlregal)

ZUSÄTZLICH
Spring- oder Tarteform

Butter zum Ausstreichen der Form

Hülsenfrüchte zum Blindbacken

ZUBEREITUNG Die Schalotte und den Knoblauch klein schneiden. Den Spinat in ein Sieb geben, kurz kalt abbrausen, abtropfen lassen und klein hacken. Das Olivenöl in einer Pfanne erhitzen, die Schalotten- und Knoblauchwürfel glasig anbraten, den Spinat dazugeben, zusammenfallen lassen und für ca. 2–4 Minuten weiter in der Pfanne köcheln lassen, bis nur noch sehr wenig Flüssigkeit in der Pfanne ist. Den Spinat gut mit Salz, Pfeffer und Muskat würzen und bis zur weiteren Verwendung beiseitestellen.

Die Tomaten in kleine Stücke schneiden.

Die Maisstärke mit 5 EL Milch in einer kleinen Schüssel glatt rühren.

Die verbleibende Milch mit der Sahne in einen Topf geben, zusammen mit der Butter und dem Thymian erhitzen.

Den Maisgrieß unter ständigem Rühren in die kochende Milch einrieseln lassen und aufkochen. Die Stärkemischung unterrühren, kurz aufkochen lassen und die Hitze reduzieren. Die Brühe dazugeben und den Maisbrei (unter Rühren) für ca. 5 Minuten köcheln lassen. Den Topf vom Herd nehmen, die Masse etwas abkühlen lassen und mit dem Schneebesen die Eigelbe unterrühren. Den Spinat und die Tomatenstücke untermischen. Die Mais-Gemüse-Füllung mit Salz, Cayennepfeffer, Zitronensaft und -abrieb abschmecken.

Den Ofen vorheizen auf 180 °C. Die Backform mit der Butter ausstreichen.

Den Blätterteig in die Form einlegen und ggf. die überstehenden Ränder abschneiden. Den Teigboden mehrmals mit einer Gabel einstechen. Zum Blindbacken auf den Teig ein Blatt Backpapier legen und darauf die Hülsenfrüchte verteilen. Das Blech auf die mittlere Schiene in den Backofen schieben und für 10–12 Minuten backen.

Das Backpapier mit den Hülsenfrüchten entfernen und die Maisgrießmasse auf dem Blätterteig verstreichen.

Das Blech nochmals in den Ofen schieben und die Tarte für ca. 25–30 Minuten backen. Polenta-Tarte schmeckt warm und kalt.

TIPP Die Füllung lässt sich gut abwandeln, wenn man eingelegte Artischockenherzen klein geschnitten dazugibt!

ROTE-BETE-CARPACCIO MIT LIMETTE UND KOKOS

ZUTATEN *für 2 Personen*

10 g Cashewkerne

200 g Rote Bete

¼ Limette

¼ Zitronengras

5 g Ingwer

20 Basilikumblätter (mittlere Größe)

¼ Bund Koriander

½ Zehe Knoblauch

1 Prise Salz

Wer mag: ¼–½ Stück Chili

2–3 EL Erdnussöl

1 Prise Zucker

je Portion 2 EL Kokosmilch

ZUBEREITUNG Die Cashewkerne in einer beschichteten Pfanne rundum rösten, bis sie Farbe angenommen haben. Abkühlen lassen und grob hacken.

Die Rote Bete garen, abkühlen lassen und dann schälen. (Handschuhe anziehen nicht vergessen.)

100 g Rote Bete auf einem Gurkenhobel mit der Stufe 2 dünn hobeln und überlappend auf einem großen Teller auflegen.

Mit den restlichen 100 g der Roten Bete ebenso verfahren und auf einem zweiten Teller anrichten.

Die Limette waschen, halbieren, vierteln und die Viertel in sehr kleine Stückchen schneiden.

Das Zitronengras ebenfalls halbieren, vierteln und sehr klein hacken.

Den Ingwer schälen und in kleine Stücke hacken.

Das Basilikum und die Korianderblätter waschen, abtupfen und klein hacken.

Die Knoblauchzehe schälen und auf einem Brett klein hacken. Eine Prise Salz darüberstreuen und beides mit dem Messer zu einer feinen Paste verstreichen. Für die Schärfe die Chili hacken.

Alle Zutaten in eine Schüssel geben und mit Erdnussöl verrühren. Mit Salz und Zucker abschmecken.

Die Kräutermischung über den Rote-Bete-Scheiben verteilen, ebenso die Cashewkerne. Und mit 2–3 EL Kokosmilch beträufeln.

Wer mag, gibt noch etwas Limettensaft oder Limettenöl darüber.

TIPP Rote-Bete-Carpaccio kann man gut in einer Form vorbereiten und zum Picknick oder Brunch mitbringen.

SALSICCIA-RAGOUT

ZUTATEN *für ein ½-Liter-Einmachglas*

30 g getrocknete Steinpilze
1 Karotte
50 g Sellerie
1 Schalotte
1 Knoblauchzehe
4 Stück Salsiccia (mit Fenchel)
2 EL Olivenöl
2 Zweige Rosmarin
3 Zweige Thymian
1 Lorbeerblatt
1 Stück Bio-Zitronenzeste
1 Prise Zimt
150 ml Rotwein
100 ml Geflügelfond
Pfeffer, ggf. Salz

ZUBEREITUNG Die getrockneten Pilze in kaltem Wasser einweichen.

Die Karotte schälen und klein würfeln. Ebenso den Sellerie.

Schalotte und Knoblauch schälen und klein würfeln.

Die Haut der Salsiccia aufritzen und die Haut abziehen. Das Wurstbrät in kleine Stücke zupfen bzw. bröseln.

Olivenöl in einer Pfanne erhitzen und die Brätstückchen rundum gleichmäßig leicht braun anbraten (nicht zu lange braten, da das Brät sonst zu trocken wird).

Das Brät aus der Pfanne nehmen und beiseitestellen. In derselben Pfanne mit dem verbliebenen Fett nun das in Würfeln geschnittene Gemüse mit dem Knoblauch anbraten. Rosmarin, Thymian, Lorbeerblatt, Zitronenzeste und Zimt beigeben. In der Zwischenzeit das Wasser der eingeweichten Pilze abgießen. Die Pilze gut ausdrücken, klein hacken und ebenfalls in die Pfanne geben. Die Zubereitung mit Rotwein ablöschen und die Flüssigkeit etwas verdampfen lassen. Das Brät wieder dazugeben und mit dem Fond aufgießen. Für 15–20 Minuten bei geschlossenem Deckel auf kleiner Flamme köcheln. Mit Pfeffer und ggf. Salz (siehe Tipp) abschmecken.

Das Ragout in ein sterilisiertes Glas abfüllen und verschließen. Im Kühlschrank aufbewahren und zeitnah verspeisen.

TIPP Vorsicht beim Abschmecken mit Salz! Salsiccia ist eine recht würzige Wurst. Salsiccia-Ragout ist ein Gericht, das ich gerne mit breiten Bandnudeln, Parmesan und einem guten Glas Rotwein serviere.

TOMATENSALZ

ZUTATEN *für ca. 100 g*

125 g Tomatenhaut
100 g grobes Meersalz

ZUBEREITUNG Von vollreifen Tomaten die Haut abziehen. Ich verwende dafür ein kleines spitzes Gemüsemesser, ritze die Tomatenhaut leicht ein und ziehe sie dünn ab. Die Tomatenhaut gleichmäßig im Dörrautomat verteilen. Den Automat auf 70 °C einstellen und die Tomatenhaut für 4 Stunden trocknen. (Alternativ funktioniert auch ein Backofen. Hier dann einen Kochlöffel in die Tür klemmen, damit die Feuchtigkeit entweichen kann.) Es bleiben ca. 12 g von der getrockneten Tomatenhaut übrig. Die fertige Haut fühlt sich wie Pergamentpapier an und ist unglaublich intensiv im Geschmack.

Das Salz mit der Tomatenhaut in eine Küchenmaschine geben und grob mixen. In ein Glas füllen und luftdicht verschließen.

TIPP Tomatensalz ist das i-Tüpfelchen auf Pasta, Risotto und gebratenen Fisch- und Geflügelgerichten.

TOMÄTCHEN IN KRÄUTERÖL

ZUTATEN *für ca. 300 g*

500 g Kirschtomaten *(oder siehe Tipp unten)*

2 Stiele Rosmarin

3 Zweige Thymian

2 Knoblauchzehen

½ TL getrockneter Oregano

½ TL getrocknetes Bohnenkraut

1 Bio-Zitrone

25 ml Olivenöl

1 EL Meersalz

ZUM AUFGIESSEN

300–500 ml Olivenöl

ZUBEREITUNG Den Strunk der Tomaten entfernen. Dann die Tomaten waschen, trocknen und halbieren. Ein Küchenkrepp auf die Arbeitsfläche legen und die Tomaten mit der Schnittfläche nach unten für ca. 10 Minuten auf das Krepp legen.

Ein Blech mit Backpapier auslegen und den Ofen auf 120 °C Umluft vorheizen.

Die Kräuterblättchen von den Stielen zupfen und fein hacken. Die Knoblauchzehen nicht schälen und im Ganzen mit einem Messer auf einem Brett andrücken. Die Zitrone waschen, trocknen und mit dem Sparschäler dünne Zesten abziehen.

Kräuter, Zitronenschale, Olivenöl, Salz in einer Schüssel mischen. Die abgetropften Tomaten vorsichtig dazugeben und mit der Marinade mischen.

Die marinierten Tomaten auf dem Blech verteilen und dazwischen die Knoblauchzehen legen.

Das Blech auf die mittlere Schiene in den vorgeheizten Ofen schieben und die marinierten Tomaten für ca. 1 bis 1 ½ Stunden trocknen lassen. Zwischendurch immer mal wieder die Backofentür öffnen und die Feuchtigkeit entweichen lassen. Zum Ende der Trockenzeit sollten die Tomaten zwar angetrocknet, aber nicht zu knusprig sein.

Den Knoblauch und die Zitronenzesten entfernen. Die heißen Tomaten in die bereits sterilisierten Gläser einfüllen. Die befüllten Gläser mit Olivenöl aufgießen. Der gesamte Glasinhalt sollte vollständig mit Öl bedeckt sein.

Die Gläser direkt verschließen, abkühlen lassen und am besten im Kühlschrank lagern. Der Inhalt sollte innerhalb von 2–3 Wochen verbraucht werden.

TIPP Das übrige Kräuteröl kann prima für Dressings, Saucen etc. verwendet werden.

Ich finde es besonders hübsch, eine Mischung aus verschiedenfarbigen aromatischen Tomaten (z. B. rote und gelbe Cocktailtomaten) für dieses Rezept zu nehmen.

TOMATENSUGO

ZUTATEN *für ca. 1,6 Liter*

2,5 kg Tomaten *(vollreif und gerne auch*
eine bunte Mischung an Sorten)
300 g Gemüsezwiebeln
2 Knoblauchzehen
1 kleine Petersilienwurzel
8 Stiele Thymian
2 Zweige Rosmarin
6 Stiele frischer Oregano
3 EL Olivenöl
1 EL Tomatenmark
3 getrocknete Lorbeerblätter
Salz, Pfeffer
½–1 EL Zucker

ZUBEREITUNG Die Tomaten in einen Durchschlag geben
und kurz abbrausen. Dann die Tomaten halbieren, den
Stielansatz herausschneiden und grob würfeln. Die Gemüse-
zwiebel und die Knoblauchzehen abziehen und klein würfeln.
Die Petersilienwurzel schälen und ebenfalls würfeln.

Die Kräuter kurz abbrausen, trocken tupfen und mit Stiel
hacken. Das Öl in einem großen Topf erhitzen, Zwiebeln
und Knoblauch darin 5 Minuten hell goldbraun anbraten. Kräuter und Tomatenmark dazugeben und weitere
3 Minuten dünsten.

Jetzt die Tomatenstücke dazugeben, kräftig mit Salz und
Pfeffer würzen, Lorbeerblätter hinzufügen, aufkochen und
halb zugedeckt bei kleiner Hitze 2 Stunden köcheln lassen.
Gelegentlich umrühren.

Die Lorbeerblätter entfernen. Die Soße mit dem Stabmixer fein pürieren und durch ein Sieb streichen. Den aufgefangenen Sugo nochmals aufkochen und mit Salz, Pfeffer und Zucker abschmecken.

Den kochend heißen Tomatensugo schnell randvoll in saubere und heiß ausgespülte Schraubgläser oder Flaschen füllen und diese sofort fest verschließen. Vollständig abkühlen lassen. Fest verschlossen und kühl gelagert hält der Sugo mindestens 14 Tage.

TIPP Ich fülle den kalten Tomatensugo in Gefrierbeutel oder -dosen und friere ihn ein. Der gefrorene Sugo hält mindestens 6 Monate. Dieses Rezept schmeckt fantastisch, vor allem, wenn man richtig vollreife Tomaten direkt aus dem Garten dafür verwendet!!!

WÜRZIGE BARBECUESAUCE

ZUTATEN *für ca. 2 Liter*

35 g frischer Ingwer

20 g Knoblauch

350 g Schalotten

1,5 kg Dosentomaten

30 ml Limettensaft und Abrieb von 1 Bio-Limette

45 ml Olivenöl

3,5 g getrockneter Rosmarin

7 g getrockneter Thymian

150 g brauner Zucker

40 ml Cola

150 g Ketchup

70 g Räuchersalz

2,5 g Cayennepfeffer

350 g Honig

17 g kandierter (klein geschnittener) Ingwer

schwarzer Pfeffer nach Belieben

ZUBEREITUNG Ingwer, Knoblauch und Schalotten schälen und klein würfeln.

Die Tomaten klein hacken. Die Limetten waschen und die Schale mit einer feinen Reibe abreiben.

Die Limetten dann halbieren und den Saft auspressen.

Das Öl im Topf erhitzen. Schalotten, Knoblauch, Ingwer, Rosmarin und Thymian darin glasig andünsten. Den braunen Zucker dazugeben und flüssig werden lassen. Mit Cola und Limettensaft ablöschen. Die Tomaten-stückchen (mit Saft!), das Ketchup und den Limetten-abrieb dazugeben und aufkochen. Die Hitze reduzieren und auf kleiner Flamme für ca. 5 Minuten köcheln lassen, dann das Räuchersalz, den kandierten Ingwer, Cayennepfeffer und Honig dazugeben. Alles für weitere ca. 5 Minuten köcheln lassen.

Den Topf vom Herd ziehen und mit dem Pürierstab fein pürieren. Je nach Belieben mit frisch gemahlenem Pfeffer abschmecken.

Die Masse durch ein Sieb streichen. Die durchgestrichene Sauce erneut 10–15 Minuten köcheln und noch heiß in bereits sterilisierte Flaschen oder Gläser abfüllen. Sofort verschließen.

TIPP Diese Sauce ist die perfekte Begleitung für alles, was vom Grill oder aus der Pfanne kommt! Ebenso gut lässt sie sich auch als Marinade für Gemüse und Rippchen verwenden.

APFELBLÜTENSIRUP

ZUTATEN *für 900 ml*

50 g Apfelblüten
½ Vanilleschote
500 g Zucker
1 große Bio-Zitrone
800 ml Wasser

ZUBEREITUNG Blühende Apfelblüten vom Baum zupfen. Dann die Kronblätter und die Staubblätter abzupfen. Davon 50 g abwiegen.

Das Mark aus der Vanilleschote kratzen.

Wasser und Zucker in einen Topf geben und einen Sirup kochen. In der Zwischenzeit ein großes Einmachglas mit sehr heißem Wasser ausspülen. In den heißen Sirup die Vanilleschote, das ausgekratzte Mark und den Saft einer halben Zitrone verrühren. Die andere Hälfte der Zitrone in Scheiben schneiden.

Die Blütenblätter in das Glas schichten, dazwischen die Zitronenscheiben stecken. Den Abschluss obenauf bilden Zitronenscheiben. Mit dem warmen Sirup auffüllen. Das Glas mit Frischhaltefolie abdecken und für 3–4 Tage an einem kühlen Ort lagern. Täglich umrühren.

Die Gläser und Deckel sterilisieren. Den fertigen Sirup durch ein feines Sieb abgießen und nochmals für 5–10 Minuten köcheln lassen. Dann den Sirup in die Gläser abfüllen und diese verschließen.

Den Sirup kühl und dunkel lagern. Er schmeckt herrlich als Limonade mit Eis und Sprudelwasser oder in schwarzem Tee!

APFEL-FRANGIPANE-TARTE

ZUTATEN
für eine Tarteform 18 × 18 cm

FÜR DEN BODEN
150 g Mehl (405)
40 g Puderzucker
1 Msp. Salz
Abrieb von ½ Bio-Zitrone
100 g kalte Butterstücke
1 Eigelb (S)

FÜR DIE FÜLLUNG
80 g weiche Butter
Abrieb von ½ Bio-Zitrone
60 g Zucker
10 g Bourbon-Vanillezucker
1 Ei (S) + 1 Eigelb (S) (Raumtemperatur)
80 g gemahlene blanchierte Mandeln
1 Prise Quatre Épices (wahlweise 1 Prise Zimt)
10 g Kartoffelstärke
1–2 EL Amaretto (optional)
1–2 säuerliche Äpfel, z. B. Topaz, Glockenapfel, Elstar
ca. 40–50 g fein passierter Aprikosenfruchtaufstrich

ZUSÄTZLICH
Quadratische Tarteform 18 × 18 cm
Ggf. Butter für die Backform
Gehackte Pistazien für die Deko nach Belieben

ZUBEREITUNG Für die Herstellung des Mürbteigs das
Mehl und den Puderzucker in eine Schüssel sieben. Das
Salz und den Zitronenabrieb dazugeben. Zuletzt die

Butterstücke und das Eigelb dazugeben. Alles mit den Händen oder der Küchenmaschine rasch zu einem Teig verkneten. Den Teig zu einem flachen Rechteck formen, in Klarsichtfolie einschlagen und für ca. 60 Minuten kalt stellen.

Ggf. Rand und Boden der Form dünn mit Butter ausstreichen. Den Mürbteig ca. 3–4 mm dick ausrollen und in die Springform einlegen. Mit einer Gabel den Teigboden mehrmals einstechen und bis zur weiteren Verwendung in den Kühlschrank stellen.

Für die Füllung die weiche Butter mit dem Zitronenabrieb in eine Schüssel geben und mit den Quirlen des Handmixers gut cremig rühren.

Jetzt den Zucker mit dem Vanillezucker vermischen und zu der Buttermasse geben. Das Eigelb mit dem Ei verschlagen und dazugeben.

Die Mandeln mit dem Quatre Épices und der Stärke vermischen und unterrühren.

Die Äpfel waschen (ich lasse die Schale dran), halbieren, vierteln und das Kerngehäuse entfernen. Die Apfelviertel in dünne Scheiben schneiden. (Ich mache das mit einem Gurkenhobel auf Stufe 2.)

Die Mandelmasse mit einer kleinen Palette gleichmäßig auf dem Teigboden verstreichen. Die Apfelspalten überlappend fächerförmig der Länge nach einlegen.

Die Form auf die mittlere Schiene in den auf 190 °C vorgeheizten Ofen stellen und für ca. 35–40 Minuten backen.

Den Aprikosenfruchtaufstrich mit 1 EL Wasser in einen Topf geben und aufkochen. Mit einem Pinsel dünn die noch warmen Apfelstücke bestreichen. Die Tarte auf einem Kuchengitter auskühlen lassen und dann mit dem Hebeboden vorsichtig aus der Form nehmen.

Den Kuchen nach Belieben mit gehackten Pistazien bestreuen.

Es bleibt ein kleiner Teigrest übrig, der mit Ausstechern zu Kaffeekeksen verarbeitet werden kann.

CHIASAMENCREME MIT MANGOKOMPOTT

ZUTATEN *für 4 Portionen*

50 g Chiasamen

200 ml Hafermilch

200 ml Kokosmilch

3 EL Kokosblütenzucker

1 Prise Zimt gemahlen

Abrieb von ¼ Bio-Orange

FÜR DAS MANGOKOMPOTT

200 g (1 kleine reife) Mango

5–6 Minzblätter

1–2 EL milden Honig

½–1 EL Bio-Limettensaft und Abrieb von ¼ Bio-Limette

ZUBEREITUNG Die Chiasamen in eine Schüssel geben. Die Hafer- und die Kokosmilch sowie den Kokosblütenzucker dazugeben und mit einem Schneebesen gut verrühren. Mit Zimt und dem Orangenabrieb abschmecken. Anschließend mit Frischhaltefolie abdecken und mindestens für 2 Stunden, besser über Nacht, quellen lassen.

Für das Kompott die Mango schälen, das Fruchtfleisch vom Kern schneiden und klein würfeln. Die Minzblätter klein hacken und hinzugeben. Mit Honig, Limettensaft und Minze abschmecken.

Ich fülle die Creme gern in kleine Weckgläser (160 ml) und das Kompott in noch kleinere (80 ml) und staple diese übereinander. Das sieht auf einem Brunch-Buffet sehr hübsch aus und lässt sich bei einem Picknick einfacher transportieren. Als zusätzliche Deko sind gehackte Pistazien oder geröstete Kokoschips sehr hübsch.

CREME VON
GEBRANNTEN MANDELN

ZUTATEN *für ca. 225 g*

70 g Zucker

1 Prise Salz

150 g Mandeln mit Haut

70 g Kokosblütenzucker

2 Msp. Quatre Épices (wahlweise Zimt)

40 g weiches Kokosöl

ZUBEREITUNG Zucker und Salz mit 40 ml Wasser in eine beschichtete Pfanne geben und aufkochen. Dann die Mandeln dazugeben und bei starker Hitze unter ständigem Rühren so lange kochen, bis die Flüssigkeit verdampft ist.

Sobald der Zucker anfängt zu kristallisieren und die Mandeln mit einer trockenen Schicht überzieht, die Hitze auf mittlere Stufe reduzieren. So lange rühren, bis der Zucker beginnt zu karamellisieren und die Mandeln leicht glänzen. Die noch heißen gebrannten Mandeln auf ein mit Backpapier belegtes Blech verteilen. Mit zwei Gabeln voneinander trennen und auskühlen lassen.

Dann die gebrannten Mandeln mit dem Kokosblütenzucker und dem Quatre Épices in eine Küchenmaschine oder einen Mixer geben und auf höchster Stufe mahlen.

Das Kokosöl dazugeben und auf mittlerer Stufe weiter mixen, bis eine homogene, cremige Masse entstanden ist.

Die fertige Creme in ein zuvor sterilisiertes Glas füllen, mit einem Deckel verschließen und im Kühlschrank aufbewahren.

TIPP Die Creme schmeckt nicht nur als Brotaufstrich, sondern auch als Gebäckfüllung, in Desserts und im Kuchen.

EINGELEGTE APRIKOSEN IN WEISSWEIN & HOLUNDERBLÜTENSIRUP

ZUTATEN *für 2 Weckgläser à ½ Liter*

1 kg Aprikosen (nicht zu weich!)
Mark von ½ Vanilleschote
Saft und Zesten von 1 Bio-Zitrone
160 ml Weißwein
160 ml Holunderblütensirup
120 g Zucker
100 ml Wasser

ZUBEREITUNG Die Aprikosen waschen, halbieren und entsteinen.

Die Vanilleschote halbieren und der Länge nach aufschlitzen, das Mark herauskratzen. Für die Zitronenzesten die Frucht waschen und mit einem Sparschäler die Zesten dünn abziehen.

Weißwein, Holunderblütensirup, Zitronensaft, -zesten, Zucker, Vanillemark, -schote und Wasser in einen Topf geben, erhitzen und zu einem Sud kochen. Darauf achten, dass der Zucker sich aufgelöst hat.

Vanilleschote und Zitronenzesten aus dem Sud nehmen.

Die Aprikosenhälften mit der Vanilleschote und den Zitronenzesten in zwei bereits sterilisierte Einmachgläser schichten. Ebenfalls schon vorbereitet sind die Deckel und – bei Verwendung von Weckgläsern – die Gummiringe.

Den heißen Sud über die Früchte im Glas gießen, bis diese bedeckt sind. Auf einen sauberen Glasrand achten und die Gläser gut verschließen.

Auf einer Ablage abkühlen lassen.

Die Gläser sind bei Kühlung für ca. 10–14 Tage haltbar.

Für längere Haltbarkeit die Gläser im Einkochtopf für 40 Minuten bei 120 °C einkochen.

TIPP Den Sirup unbedingt aufheben und für Bowle, Eistee etc. verwenden.

ESPRESSO-SCHOKOLADEN-WÜRFEL

ZUTATEN *für ein kleines Blech*
(30 cm × 24 cm × 2 cm)

20 g frisch gemahlenes Espressopulver
200 g Mehl
10 g Backpulver
120 g weißer Zucker
30 g Muscovadozucker (mittel)
60 g brauner Zucker
20 g Schokoladenpulver (Poudre de cacao)
2 Prisen Salz
200 g Crème fraîche
200 g weiche Butter
2 Eier (M)
Kakaopulver und Puderzucker zum Bestäuben

ZUBEREITUNG Den Ofen auf 180 °C Ober- und Unterhitze vorheizen.

Das Blech mit Backpapier auslegen.

Die Espressobohnen ggf. frisch mahlen.

Mehl, Backpulver, Zuckersorten, Schokoladenpulver, Salz und Espressopulver in eine Schüssel geben und gut mischen.

(Darauf achten, dass der Muscovadozucker ohne Klümpchen verarbeitet wird.)

Dann Butter, Crème fraîche und Ei dazugeben und mit den Quirlen des Handmixers alle Zutaten verrühren. Nur so lange rühren, bis alle Zutaten gemischt sind.

Den Teig auf das Blech füllen, dünn glatt streichen und für ca. 15 Minuten auf mittlerer Schiene backen.

Im Blech abkühlen lassen, mit Puderzucker und Kakaopulver bestäuben. Anschließend in kleine Würfel schneiden.

TIPP Die Schokoladenwürfel können auch in einer Springform von 20 cm Durchmesser gebacken werden.

GEFÜLLTE ZIMT-SCHOKO-RÖSCHEN

ZUTATEN *für 7 Stück (ein bisschen Extrazeit einplanen)*

50 g Butter

20 g frische Hefe

1 TL + 50 g Zucker

1 Ei (M) (zimmerwarm)

120 ml Vollmilch (zimmerwarm)

280 g Dinkeldunst

20 g Schokoladenpulver (Poudre de cacao)

FÜLLUNG

60 g Butter

90 g Zucker

60 g gehackte Zartbitterkuvertüre

10 g Schokoladenpulver (Poudre de cacao)

5 g Zimt

TOPPING

30 ml Sahne

20 g gehackte Vollmilchkuvertüre

15 g gehackte Zartbitterkuvertüre

Springform 20 cm (Durchmesser)

ZUBEREITUNG Die Butter in einem kleinen Topf schmelzen und abkühlen lassen.

Die Hefe in eine Tasse bröseln und mit 1 TL Zucker flüssig rühren.

Das Ei in einer weiteren Tasse mit einer Gabel verschlagen. Die Milch in eine Schüssel gießen und die flüssige Butter hinzufügen. Das Ei und den restlichen Zucker dazugeben und gut mischen.

Das Mehl mit dem Schokoladenpulver mischen und in eine Schüssel füllen. In die Mitte eine tiefe Mulde drücken. In diese Hefe sowie die Milch-Ei-Mischung einfließen lassen. Mit den Knethaken des Handmixers von der Schüsselmitte nach außen langsam Mehl in die Flüssigkeit einarbeiten. Den Teig abdecken und an einem warmen Ort 90 Minuten gehen lassen.

Für die Füllung die Butter in einen Topf geben und schmelzen. Den Zucker zugeben und »etwas flüssig« rühren. Den Topf vom Herd nehmen. Die Kuvertüre in der Mischung schmelzen und das Schokoladenpulver mit dem Zimt einrühren. Den Backofen auf 50 °C vorheizen. Die Backform mit Butter ausstreichen.

Nach der 1. Gehzeit die Arbeitsfläche mit etwas Mehl bestäuben und den Teig darauf zu einem Rechteck von 30×40 cm ausrollen. Die Fläche mit der Schokofüllung gleichmäßig bestreichen. Nach oben etwas Platz lassen. Den Teig von der längeren Seite her aufrollen (von unten nach oben). Die so entstandene Rolle mit einem scharfen Messer in sieben 5 cm breite Stücke schneiden. Ein Stück mittig in die Backform setzen und die anderen 6 Stück drum herum platzieren. Die Backform auf die 2. Schiene von unten im Backofen setzen und die Röschen für weitere 60 Minuten gehen lassen. Die Form aus dem Ofen nehmen und die Temperatur auf 180 °C erhöhen.

Die Röschen für 20 Minuten backen. Dann ein Blatt Backpapier auf die Röschen legen und sie weitere 10 Minuten backen. Danach abkühlen lassen, bis sie lauwarm sind.

Für das Topping die Sahne in einem Topf bei milder Hitze erwärmen. Die Sahne vom Herd nehmen und unter Rühren die beiden Schokoladenkuvertüren darin schmelzen lassen. Die Schokoladenglasur in groben Linien auf den Röschen verteilen.

Zimt-Schoko-Röschen schmecken am besten frisch!!!

GRANOLA MIT BANANE

ZUTATEN *für ca. 400 g*

50 g Cashewkerne

100 g Walnüsse

50 g Mandeln

50 g Paranüsse

70 g gemahlene Mandeln

20 g Chiasamen

20 g Kokosraspel

½ Vanilleschote

Abrieb von ½ Bio-Zitrone

1 Prise Salz

1 Prise Zimt

1 reife Banane (mittlere Größe)

Saft von ½ Bio-Zitrone

ZUBEREITUNG Den Backofen auf 150 °C (Ober- und Unterhitze) vorheizen. Auf einem Brett Cashewkerne, Walnüsse, Mandeln und Paranüsse in grobe Stücke hacken, in eine Schüssel füllen und die gemahlenen Mandeln, Chiasamen und Kokosraspel dazumischen.

Die Vanilleschote halbieren, mit einem spitzen Messer der Länge nach aufschlitzen und das Mark herauskratzen. Die Zitrone mit heißem Wasser abspülen und die Schale mit einer feinen Reibe abreiben. Alle Gewürze gleichmäßig unter die Zutaten mischen.

Die Banane schälen, grob zerteilen, den Zitronensaft dazugeben und mithilfe einer Gabel fein zermusen. Das Bananenmus mit einem Teigspatel in die Schüssel geben und mit allen Zutaten gut vermischen.

Ein Blech mit Backpapier auslegen und die Nussmasse darauf verteilen. Darauf achten, dass die Masse möglichst flächig verteilt wird. Dadurch lässt sich das Granola nach dem Backen besser in grobe Stücke teilen.

Für ca. 30 Minuten auf mittlerer Schiene backen. Nach ca. 15 Minuten mit einem Bratenwender wenden. Das Granola im Auge behalten, damit es nicht zu dunkel wird. Alle Zutaten sollten „trocken" gebacken sein. Vor dem Abfüllen vollständig abkühlen lassen und dann in grobe Stücke teilen.

TIPP Zur Aufbewahrung in eine luftdichte Dose füllen. Oder auch sehr hübsch: in naturbraune Aromastandbeutel füllen!

HIMBEER-PFIRSICH-FRUCHTAUFSTRICH

ZUTATEN *für 8 Gläschen à 140 ml*

3 Stiele frischer Thymian
500 g Himbeeren
350 g reife gelbe Pfirsiche (4–5 Stück)
100 ml Orangensaft
Saft von 1 Zitrone
300 g Gelierzucker (3 : 1)

ZUBEREITUNG Die frischen Thymianzweige mit Küchengarn zusammenbinden.

Die Himbeeren verlesen und in einen Topf geben. Die Pfirsiche halbieren, vierteln, entkernen und die Haut mit einem kleinen Gemüsemesser abziehen. Die Pfirsichviertel in grobe Stücke schneiden. Dann mit den Himbeeren, dem Orangensaft, dem Zitronensaft und den Thymianzweigen im Topf mischen. Den Gelierzucker dazugeben und die Fruchtmasse unter Rühren aufkochen. Sprudelnd 3–4 Minuten kochen. Dann den Thymian entfernen und den heißen Fruchtaufstrich nach Belieben pürieren. Den noch heißen Aufstrich in die bereits sterilisierten Gläser abfüllen und diese sofort verschließen.

KÜRBIS-MASCARPONE-KUCHEN

ZUTATEN *für eine Springform*
(26 cm Durchmesser)

FÜR DEN TEIG
300 g Mehl
80 g Puderzucker
1 Prise Salz
Abrieb von ½ Bio-Zitrone
200 g kalte Butter
1 Ei (M)

FÜR DIE FÜLLUNG
650 g Hokkaido-Kürbis
80 ml Wasser
100 g Zucker
1 Prise Salz
50 g milder Honig
2 TL Goldene Milch
(Gewürzmischung, z. B. Altes Gewürzamt)
Abrieb von ½ Bio-Orange
2 Eier (M)
1 EL Kartoffelstärke
½ TL Backpulver
250 g Mascarpone
Abrieb von ¼–½ Bio-Zitrone

ZUBEREITUNG Den Boden der Springform mit
Backpapier auslegen. Den Rand gut einfetten.

Für den Mürbteig das Mehl und den Puderzucker in
eine Schüssel sieben. Das Salz und den Zitronenabrieb
dazugeben. Zuletzt die Butter in kleinen Stücken und

das Eigelb dazugeben. Alles mit den Händen oder der Küchenmaschine rasch zu einem Teig verkneten. Den Teig zu einem flachen Rechteck formen, in Klarsichtfolie einschlagen und für ca. 60 Minuten kalt stellen.

Den Mürbteig auf einer bemehlten Arbeitsfläche ca. 4–5 mm dick ausrollen und in die Springform einlegen. Den Teigrest wieder zusammennehmen, nochmals ausrollen und den Rand der Springform ca. 2,5 cm hoch mit Teig auskleiden. Mit einer Gabel den Teigboden mehrmals einstechen und bis zur weiteren Verwendung in den Kühlschrank stellen.

Den restlichen Teig einfrieren oder anderweitig verarbeiten.

Den Kürbis* waschen, trocknen, halbieren, vierteln, mithilfe eines Löffels die Kerne ausschaben und in Stücke schneiden. 500 g Kürbisfleisch abwiegen.
Beim Hokkaido kann die Schale mitgegessen werden!

Den Zucker mit 80 ml Wasser in einem Topf aufkochen. Die Kürbiswürfel und das Salz dazugeben und ca. 10 Minuten zugedeckt weich kochen.

Anschließend die Masse in einen hohen Rührbecher geben, fein pürieren. In die lauwarme Masse den Honig, das Gewürz und den Orangenabrieb unterrühren. Das Püree abkühlen lassen.

Den Ofen auf 180 °C Ober- und Unterhitze vorheizen.

Die Eier trennen. Die Eiweiße mit einer Prise Salz steif schlagen.

In einer Schüssel Mascarpone, Eigelb, Kartoffelstärke und Backpulver gut verrühren. Die Kürbismischung dazugeben, gut verrühren und mit dem Zitronenabrieb abschmecken. Den Eischnee unterheben.

Die Kürbismasse gleichmäßig auf dem Teigboden verteilen.

Den Kürbiskuchen auf der unteren Hälfte des Ofens für 45 Minuten backen. Ggf. mit Backpapier abdecken.

Den Ofen ausschalten, die Tür öffnen, den Kuchen für ca. 30 Minuten abkühlen lassen. Dann herausnehmen und ganz abkühlen lassen.

TIPP Der Kürbis-Mascarpone-Kuchen schmeckt besonders lecker mit einem Klecks Sauerrahm.

MILCHREIS MIT HIMBEEREN

ZUTATEN *für 4 Gläser (à 250 g Glas)*

HIMBEER-RHABARBER-KOMPOTT

180 g Rhabarber

180 g Himbeeren

30–50 g Zucker

50 ml Orangensaft

15 g Bourbon-Vanillezucker

½ TL gemahlener Zimt

Abrieb von ½ Bio-Limette + Spritzer von dem Saft

MILCHREIS

200 ml Milch (oder Pflanzenmilch nach Wahl)

250 ml Kokosmilch

1 Prise Salz

1–2 EL Zucker

100 g Milchreis

80 g frische Himbeeren (ca. 20 g Himbeeren pro Glas)

20 g gehackte weiße Schokolade

Abrieb von ¼ Bio-Limette

TOPPING

12 frische Himbeeren

6 ganze Pistazienkerne

ZUBEREITUNG Den Rhabarber waschen, putzen und in dünne Scheiben schneiden. Die Himbeeren verlesen. Den Zucker in einen kleinen Topf geben und hell karamellisieren lassen. Dann die Rhabarberstücke dazugeben, umrühren und mit dem Orangensaft ablöschen. Die Himbeeren und den Bourbonvanillezucker dazugeben. Bei kleiner Flamme den Rhabarber weich köcheln. Ggf. noch etwas

Orangensaft dazugeben. Das Kompott mit Zimt, Limetten-abrieb und einem Spritzer Limettensaft abschmecken. Wer es süßer mag, gibt noch etwas Zucker dazu. In einer Schüssel abkühlen lassen und beiseitestellen.

Für den Milchreis Milch, Kokosmilch, Salz und Zucker in einen Topf geben. Den Reis in die Milchmischung geben. Bei geschlossenem Deckel so lange auf kleiner Flamme köcheln, bis der Reis weich und cremig ist. Zwischen-durch immer umrühren, damit er nicht anbrennt!

In der Zwischenzeit die Himbeeren mit einem schar-fen Messer vorsichtig halbieren. Die Himbeeren mit der Schnittstelle nach außen dicht an dicht an den Glasrand stellen.

In dem heißen Milchreis die Schokolade verrühren und mit Limettenabrieb abschmecken.

Etwas warten, dann den noch lauwarmen Milchreis auf die 4 Gläser verteilen und das Kompott auf der Milchreisschicht verteilen.

Für das Topping die Himbeeren vorsichtig mittig »aufreißen« und die Hälften dekorativ auf das Kompott verteilen. Die Pistazien halbieren, vierteln und zwischen den Himbeeren verteilen.

TIPP Wer keine Pistazien mag, nimmt einfach frische Minzblättchen.

Diese Süßigkeit lässt sich prima vorbereiten!

MINI-KÜCHLEIN MIT APRIKOSE

ZUTATEN *für 24 Stück*

80 g getrocknete Aprikosen

50 g saure Sahne

100 g Frischkäse

1 Ei (M)

1 Prise Zimt

1½–2 EL Zucker

Abrieb von ¼–½ Bio-Zitrone

1 TL Bourbonvanillezucker

1 TL Rum (nach Belieben)

1 EL Mandelblättchen

1 Paket TK-Butter-Blätterteig

FÜR DIE DEKORATION

Vanillecreme *(Rezept auf Seite 99)*

Frische Himbeeren

Minzblättchen

Minimuffin-Blech

weiche Butter (für die Form)

Zucker (für die Form)

ZUBEREITUNG Für die Füllung die Aprikosen klein würfeln. In einer Schüssel die saure Sahne, den Frischkäse und das Ei verrühren. Mit Zimt, Zucker, Zitronenabrieb, Vanillezucker und Rum abschmecken.

Die Aprikosenstücke und die Mandelblättchen unterrühren.

Die Blätterteigscheiben aus der Packung nehmen, nebeneinander auf die Arbeitsfläche legen und auftauen lassen.

In der Zwischenzeit die Vertiefungen des Muffinblechs gut mit weicher Butter ausstreichen und mit Zucker ausstreuen.

Den Ofen auf 180 °C (Ober- und Unterhitze) vorheizen.

Die aufgetauten Blätterteigscheiben aufeinanderstapeln und zu einem Rechteck von ca. 3 mm Dicke ausrollen. Von der langen Seite her zu einer engen Rolle (von ca. 4–5 cm Durchmesser) aufrollen. Von der Rolle ca. 3 mm dicke Scheiben abschneiden und in die Vertiefungen des Muffinblechs drücken. Die Scheiben so in die Vertiefung drücken, dass sie die Vertiefung ausfüllen.

Die Füllung in die Vertiefungen geben und für ca. 20 Minuten goldbraun backen.

Die einzelnen Vertiefungen mit einem spitzen Messer umranden und die noch heißen Törtchen herausholen. Auf einem Kuchengitter abkühlen lassen.

Mit einem Kleks Vanillecreme oder Schmand bespritzen, darauf eine Himbeere setzen und ein Minzblatt aufstecken.

Die Aprikosenküchlein schmecken frisch am besten.

PICKNICK-KIRSCHKÜCHLEIN

ZUTATEN *für 5 Stück*

10 Stück Kirschen

70 g Butter

70 g Mehl

1 TL (gestrichen) Backpulver

70 g Zucker

1 TL Bourbon-Vanillezucker

70 ml Milch

2 Eier (M)

Abrieb von ½ Bio-Zitrone

1 EL Amaretto

1 Prise Zimt

1 Prise Salz

Butter für die Form

FÜR DIE KRUSTE

25 g Butter

25 g Zucker

2 EL Milch

3 EL Mandelblättchen

Einwegbackförmchen

(von PAPSTAR Backformen, Durchmesser 11 cm)

ZUBEREITUNG Die Kirschen waschen, halbieren, vierteln, entsteinen und bis zur Verwendung beiseitestellen.

Die Butter in einem kleinen Topf schmelzen.

Den Ofen auf 180 °C Ober- und Unterhitze einstellen.

Mehl, Backpulver, Zucker, Vanillezucker, Milch, Eigelbe und die flüssige Butter in eine Schüssel geben und mit dem Handmixer zu einer dickflüssigen glatten Masse verrühren. Mit Amaretto, Zitronenabrieb und Zimt abschmecken.

Die Eiweiße mit einer Prise Salz steif schlagen und den Eischnee locker unter den Teig heben. Den Teig gleichmäßig auf die Förmchen verteilen. Die Kirschhälften im Teig verteilen. In den Ofen (auf die unterste Schiene) stellen und für 10 Minuten backen.

In der Zwischenzeit die Mandelkruste zubereiten.

Einen Topf auf den Herd stellen und Butter, Zucker, Milch und Mandelblättchen kurz aufkochen.

Die Mandelmasse nach der oben genannten Backzeit gleichmäßig auf die Küchlein verteilen und nochmals weitere 15 Minuten backen.

Die Kruste sollte eine goldgelbe Farbe haben.

Kirschküchlein schmecken am besten frisch!

SCHOKOKUGELN
MIT YUZU & BASILIKUM

ZUTATEN *für ca. 20 Stück*

400 g Zartbitterkuvertüre
40 g Pekannüsse
130 ml Sahne
20 ml Wodka
Yuzuschale (mittel), *z. B. Bosfood.de/Gewürzgarten*
(alternativ Zitronenschale getrocknet, z. B. Spicebar.de)
20 Stück kleine Basilikumblättchen

ZUBEREITUNG Die Kuvertüre klein hacken. Ebenfalls die Pekannüsse.

Eine Schüssel auf ein warmes Wasserbad setzen und darin 200 g Kuvertüre schmelzen.

In der flüssigen Kuvertüre die Sahne, die Pekannüsse und den Wodka gut verrühren. Für 30 Minuten kalt stellen.

Dann mit den Quirlen des Handmixers die Zubereitung cremig aufschlagen und nochmals für 30 Minuten kalt stellen.

Von der Schokomasse ca. 15 g abnehmen und zwischen den Händen zu Kugeln formen und auf ein Blech mit Backpapier setzen. Die fertigen Kugeln für ca. 10 Minuten im Gefrierfach anfrieren lassen.

Die übrigen 200 g Kuvertüre ebenfalls auf einem warmen Wasserbad schmelzen.

In jede Kugel einen Zahnstocher stecken und sie in die geschmolzene Kuvertüre tauchen. Zum Trock-

nen die Kugeln wieder auf ein Backblech setzen. Etwas antrocknen lassen, dann vorsichtig den Zahnstocher herausziehen.

Die noch leicht feuchten Kugeln mit Yuzustückchen bestreuen und mit kleinen Basilikumblättchen verzieren.

Diese Schokokugeln kühl lagern und alsbald genießen!

TIPP Um die Kugeln gut tauchen zu können, nehme ich einen schmalen Becher. Damit die Kugeln geschmacklich ein Genuss sind, beste Zutaten verwenden!

SÜSSER LASAGNE-AUFLAUF

ZUTATEN *für eine Auflaufform ca. 24 × 13 cm*

10 g geriebener Mohn *(keine Mohnmixmischung)*
Butter für die Form
Zucker zum Ausstreuen der Form
500 g Philadelphia-Frischkäse
150 g Zucker
10 g Bourbon-Vanillezucker
3 Eier (M)
1 kleiner säuerlicher Apfel (ca. 100 g)
Abrieb von ½ Bio-Orange
¼ TL gemahlener Zimt
6 Stück Lasagneblätter
250 g eingemachte Preiselbeeren

TOPPING
250 g Schmand oder Sauerrahm
etwas Bio-Zitronenabrieb, gehackte weiße Schokolade

ZUBEREITUNG Den Mohn in einer beschichteten Pfanne (ohne Fett) anrösten, bis er duftet. Abkühlen lassen. Die Auflaufform gut mit Butter ausstreichen und mit Zucker ausstreuen.

Den Ofen auf 175 °C Ober- und Unterhitze vorheizen.

Den Frischkäse mit dem Zucker, dem Vanillezucker und den Eiern in eine Schüssel geben. Den Apfel schälen, entkernen, grob reiben und zusammen mit dem Orangenabrieb, dem Mohn und dem Zimt zu der Frischkäsemischung geben. Mit dem Handmixer alle Zutaten kurz glatt rühren.

Die 1. Schicht Lasagneblätter passend auf dem Boden der Auflaufform ausbreiten. Ca. 240 g der Masse gleichmäßig auf den Blättern verteilen. Darauf ca. 75 g Preiselbeeren in Klecksen geben. Die 2. Schicht Lasagneblätter verteilen, darauf wieder 240 g Masse und 75 g Preiselbeeren. Dann die 3. Schicht Lasagneblätter auflegen, mit der restlichen Masse begießen und die übrigen Preiselbeeren verteilen.

Die Auflaufform auf die mittlere Schiene in den Ofen stellen. Die Hitze auf 160 °C reduzieren und den Auflauf für 70 Minuten backen. Ggf. mit einem Backpapier abdecken, damit er nicht zu dunkel wird.

Den Lasagne-Auflauf bei geöffneter Ofentür abkühlen lassen.

TIPP Dieses Gericht schmeckt am besten leicht lauwarm. Vor dem Servieren etwas Schmand grob verstreichen und mit klein gehackten weißen Schokoladenstückchen bestreuen.

LIEBLINGSVANILLECREME

ZUTATEN *für ca. 300 g*

1 Vanilleschote

250 ml Milch

50 g Eigelb (von 2–3 Eiern)

60 g Zucker

25 g Mondamin

33 g Butter weich

ZUBEREITUNG Die Vanilleschote mit einem spitzen Messer der Länge nach aufschlitzen und das Mark herauskratzen. Die Milch in einen Topf füllen und die Vanilleschote mit dem Mark dazugeben.

Die Eigelbe mit dem Zucker in eine Schüssel geben und mit dem Schneebesen cremig schlagen. Mondamin darübersieben und ebenfalls gut unterrühren. Die Milch erhitzen und die Vanilleschote aus der heißen Milch entfernen.

Ca. ⅓ der heißen Milch über die Eigelbmasse gießen und gut verrühren. Dann diese Masse unter ständigem Rühren in die heiße Milch gießen. So lange rühren, bis die Masse anfängt zu stocken. Den Topf vom Herd ziehen, einen kurzen Moment abkühlen lassen und dann die Butter einrühren.

Die Creme in eine Schüssel umfüllen und direkt mit Frischhaltefolie abdecken.

Vor der weiteren Verwendung die abgekühlte Creme mit dem Schneebesen cremig rühren. In den Spritzbeutel gefüllt lassen sich damit gute Cremetupfen aufspritzen.

Diese Creme ist so eine Art Allrounder. Sie schmeckt pur, mit ein paar Beeren und ist eine tolle Füllung für Torten. Ein bisschen cremiger wird sie mit etwas geschlagener Sahne, die untergehoben wird.

TIPP Vanillecreme in kleinen Häppchen auf gezuckerten Blätterteigröllchen verteilen. Dieses Gebäck ist bei jedem Brunch ein Hit.

VEGANE SCHOKOKEKSE

ZUTATEN *für 18 Stück*

60 g Kokosöl

100 g Zartbitter-Kuvertüre

90 g gemahlene Mandeln (ohne Schale)

30 g gemahlene Erdmandeln

1 TL Backpulver

1 TL Schokoladenpulver (Poudre de cacao)

½ TL Salz

1 TL Zimt

70 ml Ahornsirup

ZUBEREITUNG Den Ofen auf 170 °C vorheizen. Ein Backblech mit Backpapier auslegen.

Das Kokosöl in einem kleinen Topf schmelzen und abkühlen lassen. Die Schokolade in kleine Stücke hacken.

In einer Schüssel Mandelmehl, Erdmandeln, Backpulver, Kakaopulver, Salz und Zimt miteinander vermischen. Das geschmolzene Kokosöl und den Ahornsirup dazugeben und mit einem Kochlöffel verrühren. Nun die Schokoladenstücke dazugeben und verrühren.

Den Teig für ca. 10 Minuten in den Kühlschrank stellen. Anschließend mit einem Löffel kleine Kugeln (von ca. 20 g) formen und mit ausreichend Abstand auf das Backblech setzen.

Ca. 8–10 Minuten backen, bis die Kekse goldbraun sind. Danach auf dem Backblech auskühlen lassen, das Backpapier mit den Keksen vom Blech ziehen und komplett auskühlen lassen. Die Kekse sind erst noch weich und werden nach dem Auskühlen fest.

TIPP Für die konventionelle Variante nehme ich zerlassene Butter.

Eine schöne Note bekommt der Teig durch kandierte Orangenstückchen oder etwas frischen Orangenabrieb.

ZITRONEN-THYMIAN-LIMONADE

ZUTATEN *für 700 ml*

40 g Bio-Zitronenschale
300 ml frischer Zitronensaft
500 g Zucker
500 ml Wasser
10 g frischer Ingwer
30 g frische Zweige Thymian

ZUBEREITUNG Die Zitronen heiß waschen, trocknen und mit einem Sparschäler dünne Zesten abziehen.

Dann die Zitronen halbieren und mithilfe einer Saftpresse auspressen. Von dem Zitronensaft 300 ml abmessen.

Den Ingwer (mit Schale) in dünne Scheiben schneiden.

In einen Topf Zucker und Wasser füllen und so lange kochen, bis der Zucker sich vollständig aufgelöst hat.

Zitronensaft, Zesten, Ingwerscheiben und die Thymian- zweige in den heißen Sirup einrühren. Die Sirup- Zubereitung im Topf abdecken und an einem kühlen Ort über Nacht ziehen lassen.

Am nächsten Tag die Flaschen heiß sterilisieren und beiseitestellen.

Den durchgezogenen Sirup durch ein Sieb abgießen und die Flüssigkeit auffangen. In einen Topf geben und nochmals aufkochen lassen. Den fertigen Sirup in die Flaschen füllen und diese sofort verschließen.

Bis zur Verwendung kühl aufbewahren. Nach Anbruch im Kühlschrank aufbewahren und alsbald verbrauchen.

TIPP 2–4 EL Sirup in ein Glas füllen. Eiswürfel dazugeben. Ebenso eine frische Scheibe Zitrone und einen frischen Zweig Thymian. Mit Mineralwasser auffüllen.

Dieses Buch ist wieder eine große Herzensangelegenheit.

Ich hatte schon zweimal das Vergnügen, die herrlichen Rezepte von Véronique Witzigmann illustrieren zu dürfen. Das waren schöne, aber reine Auftragsarbeiten, wie sie üblich sind. Ich erhielt den Auftrag und Véroniques Texte, zeichnete, gab die Bilder ab und das war es für mich. Später trafen wir uns. Und mochten uns auf Anhieb.

Kennen Sie das? Wenn man bei der ersten Begegnung das Gefühl hat, man wäre seit Jahren befreundet? So ging es uns. Und direkt bei unserem ersten Treffen sprachen wir darüber, gerne etwas gemeinsam machen zu wollen.

Innerhalb kürzester Zeit war die Idee für dieses Buch geboren. Wir haben uns alles selber ausgedacht, standen während der Entstehungsphase in engem Austausch. Wir haben unseren jeweiligen Anteil mit größtmöglicher Freude und Liebe erarbeitet und freuten uns von Anfang an auf das Buch.

Jetzt ist es fertig und ich werde nach und nach alle Rezepte durchprobieren. Denn jetzt habe ich wieder Zeit dafür. Bis vor Kurzem war ich am Zeichnen und Malen, um das Buch möglichst üppig mit Bildern auszustatten. Ich hoffe, Ihnen gefällt die Mischung der unterschiedlichen Techniken. So direkt nebeneinandergesetzt habe ich bunt gezeichnete und gemalte Bilder noch nie.

Danke, Véronique, es war ein großer Spaß!

Es geht diesmal aber auch ein besonders großer Dank an die Herstellerin Hanne Mandik vom KiWi Verlag, die das tolle Layout entworfen hat.

Das macht sie immer, aber diesmal fand ich es besonders knifflig, weil sie Farben, Zutaten, Erklärtexte, Hinweise und Tipps übersichtlich und dennoch schön gestalten musste.

Und danke, liebe Galianis, für all die Freiheit und Freundschaft, die ich bei euch genießen darf!

Kat Menschik

ÜBER KAT UND VÉRONIQUE

VÉRONIQUE WITZIGMANN ist Köchin, Autorin und Expertin für Leckeres. Sie lebt am Samerberg im Chiemgau, wo sie Backkurse gibt, Rezepte entwickelt und Kochbücher schreibt, darunter *Das Marmeladenbuch* (2014) und *Süsses* (2022).

KAT MENSCHIK ist freie Illustratorin. Ihre Reihe ›Lieblingsbücher‹ gilt als schönste Buchreihe der Welt. Zahlreiche von ihr illustrierte Bücher wurden prämiert. Nach *Essen essen* (2019) ist dies das zweite Kochbuch der Reihe. Zuletzt erschienen: *Asta Nielsen: Im Paradies* (2023).

FRANZ KAFKA
EIN LANDARZT
ILLUSTRIERT VON KAT MENSCHIK

Galiani Berlin

WILLIAM SHAKESPEARE
ILLUSTRIERT VON KAT MENSCHIK

ROMEO
und Julia

Galiani
Berlin

E.T.A. HOFFMANN
DIE BERGWERKE zu
FALUN
ILLUSTRIERT VON
KAT MENSCHIK

Galiani
Berlin

VOLKER KUTSCHER

MOABIT

Galiani
Berlin

ILLUSTRIERT VON KAT MENSCHIK

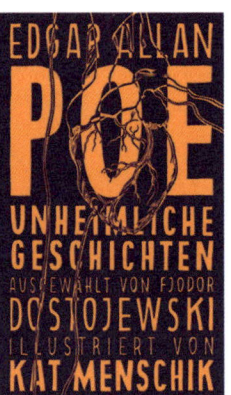

EDGAR ALLAN
POE
UNHEIMLICHE
GESCHICHTEN
AUSGEWÄHLT VON FJODOR
DOSTOJEWSKI
ILLUSTRIERT VON
KAT MENSCHIK

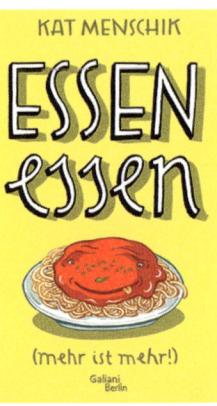

KAT MENSCHIK
ESSEN essen
(mehr ist mehr!)

Galiani
Berlin

GALIANI BERLIN
ASBJØRNSEN/MOE
die PUPPE
im GRASE

NORWEGISCHE MÄRCHEN
ILLUSTRIERT VON KAT MENSCHIK

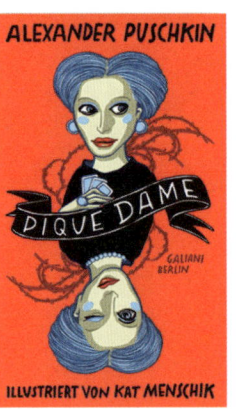

ALEXANDER PUSCHKIN
PIQUE DAME

GALIANI
BERLIN

ILLUSTRIERT VON KAT MENSCHIK

Kat Menschiks & des
Diplombiologen
Doctor Rerum Medicinalium
Mark Beneckes
illustrirtes Thierleben
Galiani Berlin

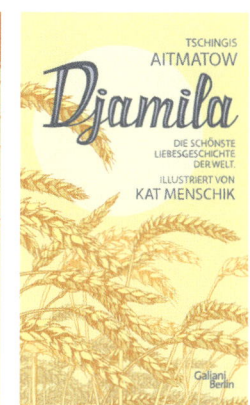

BISHER IN DER REIHE DER LIEBLINGSBÜCHER ERSCHIENEN

Der Verlag Galiani Berlin hat sich zu einer
nachhaltigen Buchproduktion verpflichtet. Gemeinsam
mit unseren Partnern und Lieferanten setzen
wir uns für eine klimaneutrale Buchproduktion
ein, die den Erwerb von Klimazertifikaten zur
Kompensation des CO_2-Ausstoßes einschließt.
Weitere Informationen finden Sie unter
www.klimaneutralerverlag.de

1. Auflage 2023

Verlag Galiani Berlin
© 2023, Verlag Kiepenheuer & Witsch, Köln
Alle Rechte vorbehalten
Covergestaltung und Illustrationen Kat Menschik
Gesetzt aus der Questa und der Questa Sans
Satz Buch-Werkstatt GmbH, Bad Aibling
Druck und Bindung Mohn Media Mohndruck GmbH, Gütersloh

ISBN 978-3-86971-279-6

Weitere Informationen zu unserem Programm
finden Sie unter www.galiani.de